VERBARIUM II

LECTIO VICESIMA SEXTA

TB

V	praeterīre, eō-, iī	vorbeigehen, vorübergehen		
	dare, datus	geben	**D** Daten, Datum, **EF** date	
	vulnerāre, vulnerāvī	verwunden	**E** vulnerable, **F** vulnérable	
	prohibēre	hindern, verhindern	**E** prohibition, to prohibit	
	terrēre, territum	erschrecken	**D** Terror, **E** terror, **F** terreur	
	cōgere, coāctum	zwingen	agere (17)	
	distribuere	verteilen	**E** to distribute, **F** distribuer	
	* tollere	auf-, erheben		
	capere, captum	fassen, nehmen, ergreifen	**D** kapern, kapieren	
N	sīgnum	Zeichen	**E** sign, **F** signe, **D** Signal	
	fuga	Flucht	fugere (12), fugāre (14) **D** Fuge, zentri-fugal,	
	impetus, impetūs *m.*	Angriff		
	arbor, arborēs *f.*	Baum	**F** arbre	
	iuvenis, iuvenēs *m.*	junger Mann	**F** jeune	
	latrō, latrōnēs *m.*	Räuber	**F** larron	
	necessitās, -ātem *f.*	Notwendigkeit	**E** necessity, **F** nécessité	
x	vēnātiō, -ōnēs *f.*	Jagd	**E** venison	
	onus, onera *n.*	Last		
	onustus	beladen	onus	
x	subitus	plötzlich	subitō (1) **F** soudain, **E** sudden	
	* vēnāticus	Jagd-	vēnātiō	
	* tēla vēnātica	Jagdwaffen		
	superior, -ōrēs	höher, überlegen	**F** supérieur, **E** superior super (9)	
Pa	ob *(mit Akk.)*	entgegen; wegen		
	postquam	nachdem	post (7)	
	celeriter	schnell	**D** Ak-zeleration	

L. 26/27

		longē	weit, bei weitem	longus (10)
		nēmō, nēminem	niemand	nē, homō
W	*	etiam magis quam anteā	noch mehr als früher	
	*	ob eam rem	deswegen	
		fugam capere	die Flucht ergreifen	fugere (12)
		necessitāte coāctus	der Not gehorchend, gezwungenermaßen	cōgere (14)
		sīgnō datō	auf ein (gegebenes) Zeichen (hin)	dare (24)
	*	impetum facere	angreifen	
		aliquem omnibus rēbus spoliāre	(jmdn. aller Sachen berauben) jmdm. alles wegnehmen	spoliāre (25)
		longē superior esse	weitaus überlegen sein	super (9) superāre (17)
		clāmōrem tollere	ein Geschrei erheben	clāmāre (1)

AB

V	*	inīre	hineingehen	īre (6)
N	*	contextus, ūs *m.*	Zusammenhang	D Kontext

LECTIO VICESIMA SEPTIMA

TB

V		fit (*Pl.* fiunt)	es geschieht, es wird (gemacht)	
		accūsāre	beschuldigen, anklagen	F accuser, E to accuse
		dūcere, ductus	führen	
		abdūcere, abductus	weg-, abführen	
		petere	streben [nach etwas], zu erreichen suchen	impetus (26)
	*	repetere	einfordern, verlangen; wiederholen	D repetieren, E to repeat, F répéter
	x	circumspicere, -spiciō	umherschauen	circum (22) circumdare (14)
N		ager, agrī *m.*	Acker(land)	D Agrar-..., E acre
	*	fēstum	Fest	D Fest, E feast, F fête
		tumultus, ūs *m.*	Verwirrung, Tumult	E tumult, F tumulte
		certāmen, -mina *n.*	Kampf, Wettstreit	

	fēstus	festlich	fēstum
Pa	eō	dorthin	is, ea, id
*	nōn multō post	nicht viel später	
	nūper	neulich	
*	ubinam?	wo denn?	nam (4)
	aliī…aliī	die einen…die andern	alius (15),
			alter…, alter (16)
	neque quicquam	und/auch/aber nichts	neque quisquam (25)
W	tēla petere	zu den Waffen greifen	
	poenās repetere	Rache nehmen, Strafe fordern	
	īnfectā rē	(unverrichteter Sache) ohne Erfolg	facere (22)

LECTIO DUODETRICESIMA

TB

V		auferre	wegtragen	ferre (14)
		explōrāre	untersuchen	**E** to explore,
				F explorer
	x	reputāre	überdenken, abwägen	putāre (14)
				D Reputation,
				E reputation
		dolēre	Schmerzen haben, bedauern	**F** douleur
		tacēre	schweigen	tacitus (18), **F** se taire
		vincīre	binden, fesseln	vinculum
		ēmittere	herausschicken, herauslassen	mittere (19),
				D Emissär, Emissionsschutz
		conicere	(zusammen)werfen	**D** Konjektur,
				E to conjecture
N	x	mendācium	Lüge	
		tergum	Rücken	
		vinculum	Fessel	vincīre
		iniūria	Unrecht	**D** Verbalinjurien,
				E to injure, injury
		frūctus, ūs *m.*	Frucht	**EF** fruit
		quaestiō, -ōnēs *f.*	Frage, Untersuchung	quaerere (8),
				EF question
	x	impudēns, -ntēs	unverschämt	**EF** impudent
	x	servīlis, -lēs	sklavisch, unterwürfig	servus (11), **D** servil
Pr		ā, ab		

L. 28

Pa x	falsō	fälschlich	**E** false, **E** faux
	līberē	frei	līberī (15), līberāre (20), **F** libre
*	quisnam?	wer denn?	ubinam (27)
*	quō	wohin	eō (27)
W	ē manibus ēmittere	aus den Händen lassen, entkommen lassen	
	verba facere	reden, eine Rede halten	

AB

N	accūsātiō, -ōnēs f.	Anklage	accūsāre (27)

ZS

V *	abesse	fern, sein, fehlen	**EF** absent
	exāmināre	untersuchen, prüfen	**D** Examen, **E** to examine, **F** examiner
*	mūgīre, mūgīvī	muhen	**F** mugir
*	abigere, abēgī	wegtreiben	agere (17)
	committere, -missus (pūgnam)	(einen Kampf) veranstalten, zustande kommen lassen	mittere (19) **D** Kommission, Kommissar, **E** to commit, **F** commettre
	quiēscere, -ō, quiēvī, quiētus	ruhen, Ruhe geben	**E** quiet, **F** in-quiet
	interficere	töten	facere (22)
N	somnus	Schlaf	**F** sommeil
*	fūrtum	Diebstahl	
	vestīgium	Spur	**E** to investigate, **EF** vestige
	āra	Altar	
*	cauda	Schwanz	**F** queue
	īnsula	Insel	**E** island, **F** île
*	spēlunca	Höhle	**D** Spelunke
	grex, gregēs m.	Herde	**D** Kon-greg-ation, Ag-greg-at
*	iter, itinera n.	Weg	īre (6), **D** Itinerarium, **E** itinerary, **F** itinéraire
	maximus	größter	māgnus (7), **D** Maximum, Maxime, maximal
Pa	prae *mit dem Abl.*	vor	[praecēdēns (22)]

LECTIO UNDETRICESIMA

TB

V	cōgitāre	denken	cōgere (14), „cōgitō, ergo sum" (Descartes)
	convocāre	zusammenrufen	vocāre (4)
	dubitāre	zögern	E to doubt, F douter
	manēre	bleiben, erwarten	E to remain, mansion, F maison
	respondēre, -eō, respondī, respōnsum	antworten	E to respond, F répondre
	sedēre, -eō, sēdī, sessum	sitzen	E session, to sit
	convenīre, -iō, convēnī, -ventum	zusammenkommen	venīre (1) D Konvent, F convenir
	sentīre, -iō, sēnsi, sēnsum	fühlen, merken	D senti-mental, F sentir, E sentiment
x	abrumpere, -ō, abrūpī, -ruptum	abbrechen	DEF abrupt
	alere, -ō, aluī, altum	(er)nähren	
	coniungere, -ō, coniūnxī, -iūnctum	verbinden, vereinigen	coniunx (22), D Konjunktion, Konjunktiv, F conjoindre
	dīcere, -ō, dīxī, dictum	sagen	F dire
	facere, -iō, fēcī, factum	machen, tun	D Fakten, E fact, F faire
	inclūdere, -ō, inclūsī, -clūsum	einschließen	E to include
	pōnere, -ō, posui, positum	setzen, stellen, legen	D Position, positiv, Pose, Post
	surgere, -ō	sich aufrichten, sich erheben	E to surge, F surgir
	tegere, -ō, tēxī, tēctum	(be)decken	F toit
N	locus	Ort, Platz, Stelle	D Lokal, lokale Tageszeitung, Lokativ, F lieu
	crūdēlitās, -ātēs f.	Grausamkeit	E cruelty
	sors, sortēs f.	Schicksal, Los	D Sorte, EF sort
*	vīrēs Pl. f.	Kräfte	
x	immōtus	unbeweglich, unbewegt	

L. 29/30

	innocēns, -ntēs	unschuldig	**EF** innocent
Pr *	vester	euer	**F** votre
Pa	ergā *mit dem Akk.*	gegen	
	in *mit dem Akk.*	gegen	
	etsī	wenn auch, obwohl	et (1) + sī (8)
	priusquam	bevor (früher als)	prius (19) + quam (8)
	modo	eben, gerade; nur	
	* prūdenter	klug	**EF** prudent
	* imprūdenter	unklug	
	* quid?	was?	
	* mī fīlī	mein Sohn (in der Anrede)	
W	prūdenter/imprūdenter agere	vorsichtig/unvorsichtig handeln	
	vītam agere	ein Leben führen, leben	
	vīribus coniūnctīs	mit vereinten Kräften	
	hīs verbīs dictīs	nach diesen Worten	

LECTIO TRICESIMA

TB

V	coepisse *(Perfekt)*	angefangen haben	
	inīre, -eō, -iī	hineingehen, betreten	praeterīre (26), [iter (28)]
	x conclāmāre	zusammenrufen	clāmāre (1), **D** reklamieren, **E** to claim
	cōnfirmāre	stärken, versichern	firmus (23), **D** Konfirmation, **F** confirmer, **E** to confirm
	dēmōnstrāre	deutlich machen, zeigen, beweisen	**D** Demonstration, **E** to demonstrate, **E** démontrer
	aperīre, -iō, -uī, apertum	öffnen	
	contendere, -ō, -ī, contentum	eilen, sich bemühen	**E** to contend
	* effringere, -ō, -frēgī, -frāctum	aufbrechen	
	reddere, -ō, reddidī, redditum	wiedergeben, machen	**D** Rendite, Rente, rentabel, **F** rendre, **E** to render

	capere, -iō, cēpī, captum	fassen, nehmen, greifen	(26)
	accipere, -iō, -cēpī, -ceptum	annehmen, hören	**D** akzeptieren, **E** to accept, **F** accepter
	sē recipere, -iō, -cēpī, -ceptum	sich zurückziehen, sich wieder erholen	
N	socius	Bundesgenosse, Verbündeter	**D** Sozius, sozial, Soziologie
*	tyrannus	Tyrann	
	iūstitia	Gerechtigkeit	iniūria (28), **D** Justiz, **EF** justice
	manus, ūs *f.*	Hand; *auch:* Schar (= eine Handvoll Leute)	**D** manuell, Manual, **F** main, **E** to manage
	aetās, aetātēs *f.*	Alter, Lebenszeit	**E** age, **F** âge
	arx, arcēs *f.*	Burg, Festung	
	caedēs, caedēs *f.*	Mord, Blutbad	caedere (6)
*	ēducātiō, -ōnem *f.*	Erziehung	dūcere (14), **D** Ko-edukation, **E** education, **F** éducation, **D** Ko-edukation
	multitūdō, -dinēs *f.*	Mengen, Masse	multī (14), **EF** multitude
	senex, senēs *m.*	alter Mann, Greis	**D** senil
	voluntās, -ātem *f.*	Wille	velle (17), **F** volonté, **E** voluntary
	iūstus	gerecht	iūstitia, **E** just, **F** juste
x	manifēstus	deutlich, offenkundig	**D** Manifest, **F** manifeste, **E** manifest
	praesēns, -ntēs	anwesend	**D** Präsens, Präsenz, präsentieren, **E** present, **F** présent
Pa	prae *mit dem Abl.*	vor	praeterīre (26)
x	fūrtim	heimlich	fūr (5), fūrtum (28)
	minimē	am wenigsten	minus (3)
	sīc	so	
	simul	zugleich	**D** simultan
*	age	los! auf!	agere (17)
	alter	der eine/der andere von zweien	alter ... alter (16), alius (15), **D** Alternative, Altruismus, **F** autre
*	ita vērō	allerdings, in der Tat	
	nihil ... nisi	nichts als; nur	
W	hīs verbīs audītīs	„nachdem er dies gehört hatte"	

L. 30/31

* caede factā	nach dem Mord	
dum haec geruntur	inzwischen (*wörtl.* während dies geschieht)	
prō certō habēre	als sicher annehmen, für sicher halten	
viam inīre	einen Weg einschlagen	
aliō factō opus est	eine andere Tat ist nötig	
manifestum reddere	deutlich machen	

ZS

V	excitāre	erregen, aufwecken	**E** exciting, **F** exciter
	mūtāre	verwandeln, verändern	**D** Mutation
*	afficere, -iō, -fēcī, affectum	versehen mit, erfüllen mit	**D** im Affekt handeln, **E** affection, to affect
	somnus	Schlaf	somniāre (3), somnium (18), **F** sommeil
x	dēspērātus	verzweifelt, hoffnungslos	**D** Desperado (span.), **E** to despair
*	inquiētus	unruhig	quiēscere (29)
W	aliquem aliquā rē afficere	jmdm. etwas antun (*wörtl.* jmdn. mit etwas versehen)	

LECTIO TRICESIMA PRIMA

V	celebrāre	preisen, feiern	**D** zelebrieren, **F** célèbre, **E** to celebrate
	irrīdēre, -eō, -rīsī, irrīsum	auslachen	rīdēre (13), rīsus (19)
	manēre, -eō, mānsī, mānsum	bleiben, erwarten	**E** mansion, to remain, **F** maison
	invenīre, -iō, -vēnī, -ventum	finden	**E** to invent, **D** Inventar
*	trānssilīre, -iō, -uī	hinüberspringen	[saltātiō (20)]
	a(d)scīscere, -ō, -scīvī, -scītum	aufnehmen, hinzuziehen	
	condere, -ō, condidī, -ditum	gründen	**D** Kondition
	exstruere, -ō, -strūxī, -strūctum	errichten, erbauen	**D** Kon-struktion

8

L. 31

	trādere, -ō, -didī, trāditum	überliefern, berichten	**D** Tradition, tradieren, **EF** tradition
	interficere, -iō, -fēcī, -fectum	töten	facere (22)
N	mūrus	Mauer	**F** mur, **E** mural
	numerus	Zahl	**D** Nummer, **E** number, **F** numéro
	causa	Grund, Ursache	**D** kausal, **E** case, because, **F** cause
	glōria	Ruhm	**D** Gloriole, **F** gloire, **E** glory, glorious
x	rīxa	Streit	
	auctor, -ōrēs *m.*	Schriftsteller	augēre (16), **D** Autor, **F** auteur
x	conditor, -ōrēs *m.*	Gründer	condere
	laus, laudēs *f.*	Lob, Ruhm	laudāre (24), **E** laud
	orbis, -ēs *m.*	Kreis	Urbi et Orbi
	orbis terrārum	Erdkreis	*(päpstl. Segen),* **E** orbit
	caput, capita *n.*	Haupt, Hauptstadt	**D** Kapital, Kapitalverbrechen, Kap, Kapitel, Kapitän, **E** chief, **F** chef
	moenia *(plur. tant.)*	Mauern	mūrus
	nōtus	bekannt	**D** notorisch, **E** notable, notorious
x	pernōtus	sehr/wohl-/weit-bekannt	
	prīmus	erster	**D** Primus, Primzahlen, prima, primitiv, **E** prime minister, **F** premier
Pa	suprā	oberhalb, oben, früher	super (9), **D** Sopran, supra-national
	quīcumque	wer auch immer; jeder, der	**F** quiconque
	trīginta	dreißig	**F** trente
W	in numerum deōrum adscīscere	unter die Götter aufnehmen	
	Rōma orbis terrārum caput factum est	Rom wurde zur Hauptstadt des Erdkreises	
	per trīginta annōs	dreißig Jahre lang	
	per omnēs gentēs	bei allen Völkern, in aller Welt	

L. 31

[ZS]

V	* advolāre	herbeifliegen, schnell herbeilaufen	[volāre (4)]
	* ēducāre	erziehen	**E** to educate
	* excitāre	aufregen, erregen	**E** exciting, **F** exciter
	* cōnsentīre	übereinstimmen	sentīre (29), **F** consentir, **E** to consent
	appellere, -ō, appulī, appulsum	herantreiben	**D** Appell
	ēligere, -ō, -lēgī, ēlēctum	auswählen	**D** Elite, **E** election, to elect, **F** élire
	tendere, -ō, tetendī, tentum	strecken, spannen	**D** Tendenz, tendieren, **E** to tend, **F** tendre
	intendere, -ō, intendī, -tentum	anspannen, ausrichten auf (z. B. oculos)	**D** Intendant, Intention, **E** to intend
	* poscere	fordern	
N	* pūgnus	Faust	pūgnāre (10), pūgna (12), pūgnāx (15)
	x augurium	Zeichendeutung, Vorzeichen	augur (20)
	auspicium	Vogelschau, Vorzeichen	avis, **D** Auspizien, **E** auspices, **F** auspice
	occāsus, ūs m. (solis)	Untergang (z. B. der Sonne)	cadere (15)
	x ortus, ūs m. (solis)	Aufgang (z. B. der Sonne)	oriēns (20), orīgō (25)
	* avis, avēs f.	Vogel	**F** par avion
	sōl, sōlem m.	Sonne	**F** soleil, **D** Solarium
	* vultur, -ēs m.	Geier	**E** vulture
	* certus	sicher, bestimmt	**FE** certain
	* incertus	unsicher, unbestimmt	**EF** incertain
	* duplex, -icēs	doppelt	**D** Duplikat, Dublette, **F** double
Pa	* alterī...alterī	die einen ... die anderen	alter ... alter (16)
	* sīve ... sīve	(sei es daß ... sei es daß) ob ... oder	

LECTIO TRICESIMA ALTERA

TB

	prōdīre, prōdeō, -iī	hervorgehen, herauskommen	ire (6)
V	aedificāre	bauen	aedificium (11), **F** édifier, **E** edifice
	invītāre	einladen	**E** to invite, **F** inviter
	parāre	bereiten, vorbereiten	**D** parat halten, Parade, **F** parer
	adhibēre, -eō, -uī, adhibitum	anwenden	habēre (3)
x	abnuere, -ō, abnuī, abnūtum	ablehnen, zurückweisen	
	petere, -ō, petīvī, petītum	streben nach, zu erreichen suchen, bitten	**D** Petition
	rapere, -iō, rapuī, raptum	raffen, rauben	**E** to rape, **F** ravir
N *	gener, generī m.	Schwiegersohn	**F** gendre
	odium	Haß	
	inimīcitia	Feindschaft	amīcus (14)
x	invītātiō, -ōnēs f.	Einladung	invītāre, **EF** invitation
	vīs (vim, vī), Pl. vīrēs f.	Gewalt, Kraft	
	callidus	schlau, gerissen	
*	inarmātus	unbewaffnet	arma (10)
Pa	complūrēs	mehrere	plūs (8)
W	vim adhibēre in aliquem	gegen jmdn. Gewalt anwenden	
	populī coniūnctī sunt	die [beiden] Völker vereinigen sich	
	ea quae fīunt	das Geschehen	
	odium et inīmicitiam pōnere	Haß und Feindschaft begraben	

LECTIO TRICESIMA TERTIA

TB

V	armāre	bewaffnen	arma (10), inarmātus (32), **D** Armee,

11

L. 33

armāre		Armada, Armatur, **E** to arm
creāre	1. erschaffen, 2. wählen	**D** kreativ, Kreatur, **F** création, créer
interrogāre	fragen	rogāre (1) **D** Interrogativ-Pronomen, **E** to interrogate, **F** interroger
implēre, -eō, -plēvī, implētum	anfüllen	
cernere, -ō, crēvī, crētum	wahrnehmen, sehen	
contingere, -ō, -tīgī, contāctum	berühren	**D** Kontakt, **E** contagious, contact, **F** contact
instituere, -uō, -uī institūtum	einrichten, begründen	**D** Institution, **E** to institute, **F** instituer
repetere, -ō, -tīvī, repetītum	fordern, zurückfordern	petere (32), **D** repetieren, Repetent, **E** to repeat, **F** répéter
sinere, -ō, sīvī, situm	lassen, zulassen	

N dolus — List — **F** dol
inimīcus — Feind, (persönl.) Gegner — inimīcitia (32), **E** enemy, **F** ennemi

* socer, socerī *m.* — Schwiegervater
x ōrāculum — Orakel — ōrāre (21), **EF** oracle
x ōsculum — Kuß
columna — Säule — **D** Kolumne, Kolonne, **E** column, **F** colonne

cūra — Sorge, Pflege — **D** Kur, **EF** cure
custōdia — Bewachung, Gefängnis — custōdīre (17), **E** custody

x stultitia — Dummheit, Torheit — [stultus (13)]
x faciēs, -ēs *f.* — Gesicht, Gestalt — **D** Fassade, **EF** face
rēs pūblica — Staat, Republik
x specus, -ūs *m.* — Höhle — [spēlunca (28)]
vīsus, -ūs *m.* — Anblick, Erscheinung — vidēre (1)
x prīmōrēs *(plur. tant.) m.* — die Vornehmsten — prīmus (31)
x sēcūritās, -ātēs *f.* — Sicherheit — **F** sécurité, sûreté
x simulātiō, -ōnēs *f.* — Verstellung — **D** Simulant, simulieren, **E** simulate, **F** simuler

terror, -ōrēs *m.* — Schrecken — terrēre (4), **D** Terror, **E** terror, **F** terreur

vātēs, vātēs *m.* — Seher
* armātus — bewaffnet — inarmātus (32), **E** armed

	* brūtus	stumpf, blöde	**D** brutal, **E** brute, **F** brut,
	x līgneus	hölzern, aus Holz	
	* stultus	dumm	stultitia
	* summus	der höchste	superior (26), **E** summit, **D** Summe
	ultimus	letzter	**D** Ultimatum, Ultimo, ultima ratio
	commūnis, -nēs	gemeinsam	**D** Kommune, Kommunismus, Kommunion, **E** common, **F** commun
Pa	quod	weil, daß	
	clam	heimlich	**D** klammheimlich
	vīgintī	zwanzig	**F** vingt
W	vītā aliquem prīvāre	jmdn. töten (des Lebens berauben)	
	summum imperium	Oberbefehl, höchste Macht	
	per simulātiōnem	zum Schein	

ZS

V	* manifestāre	zeigen, an den Tag legen	manifestus (30)
	tolerāre	ertragen, erdulden	**D** Toleranz, **E** to tolerate, **F** tolérer
	ardēre, -eō, ārsī, ārsum	brennen	
	ascendere, -ō, -ī, ascēnsum	hinaufsteigen, besteigen	dēscendere (21), **D** Aszendent, **E** to ascend, **F** ascendant
	currere, -ō, cucurrī, cursum	laufen	**D** Kurs, Kurier, **E** current, **F** courir
	concurrere, -ō, -currī, -cursum	zusammenlaufen	**D** Konkurs, Konkurrenz, **F** concours
	cēdere, -ō, cessī, cessum	gehen, weichen	**F** céder, cesser, **E** to cede, to cease
	prōcēdere, -ō, cessī, -cessum	vorwärtsgehen, vortreten	**D** Prozeß, Prozession, Prozedur, **F** procéder, **E** to procede
N	rōstra *(plur. tant.) n.*	Rednerbühne	
	superbia	Hochmut, Stolz	superbus (20), super (9)
	cīvis, cīvēs *m.*	Bürger	cīvitās (20), **D** zivil
x	dīgnitās, -ātēs *f.*	Würde	**F** dignité, **E** dignity
	lībertās, -ātēs *f.*	Freiheit	līberāre (20), līberī (15), **E** liberty, **F** liberté

L. 33/34

* ōrātiō, -ōnēs f.	Rede	ōrāre (21), **E** oration,
* ōrātiō fūnebris	Leichenrede	**F** oraison
servitūs, -ūtēs f.	Knechtschaft	servus (11), **D** Service, **EF** servitude
dīgnus	würdig, wert	dīgnitās, **F** digne,
indīgnus	unwürdig	**F** indigne
īgnāvus	feige	
* insolitus	ungewöhnlich	solēre (2), **F** insolent
* līber, lībera, līberum	frei	lībertās, **F** libre
* tolerābilis, -lēs	erträglich	tolerāre, **D** Toleranz, **E** to tolerate, **F** tolérer
virīlis, -lēs	männlich, mutig	vir (5), **E** virile, **F** viril
W * rōstra ascendere	auf die Rednerbühne steigen	
* ōrātiōnem habēre	eine Rede halten	
quō ūsque tandem...?	wie lange noch...?	

LECTIO TRICESIMA QUARTA

TB

V errāre	sich irren; umherirren	**F** errer, **E** to err
obsidēre, -eō, -sēdī, obsessum	belagern	sedēre (3)
tenēre, -eō, -uī, tentum	halten	retinēre (20), **D** Tenor, **F** tenir
discēdere, -ō, -cessi, -cessum	weggehen	[cēdere (33)]
* excidere, -ō, -cidī (ex ūrnā)	herauskommen (aus der Losurne)	cadere (15)
neglegere, -ō, -lēxī, neglēctum	vernachlässigen, nicht beachten	[legere (9)] **D** Negligé, **E** to neglect, **F** négliger
porrigere, -ō, -rēxī, -rēctum	ausstrecken	
trahere, -ō, trāxī, trāctum	ziehen	**D** Traktat, Trakt, Traktor, **F** trait, traîner
cupere, -iō, cupīvī, cupitum	wünschen, begehren	
efficere, -iō, -fēcī, -fectum	bewirken, tun	facere (22) **D** Effekt, Effizienz, Ko-effizient, **E** to effect, **F** effet

14

L. 34

N x mīrāculum	Wunder	**D** Mirakel, **EF** miracle
cīvis, cīvēs *m.*	Bürger	cīvitās (20)
famēs, *Akk.* famem *f.*	Hunger	**E** famine, **F** faim, famine
* sors, sortēs *f.*	Los, Schicksal	**D** Sorte, **EF** sort
* scaevus	links, linkisch	
sollicitus	aufgeregt, besorgt	**E** solicitous
nōbilis, -lēs	edel. adlig, vornehm	**D** nobel, **EF** noble
Pa prō *mit dem Abl.*	vor; für; anstatt	
frūstrā	vergeblich, vergebens	**D** frustrieren, **E** to frustrate, **F** frustrer
W sine dubiō	ohne Zweifel, zweifellos	

ZS

V dēcertāre	bis zur Entscheidung kämpfen	certāmen (27)
* prōvocāre	herausrufen, auffordern	vocāre (4) **D** provozieren, Provokation, **F** provoquer, **E** to provoke
* spērāre	hoffen	dēspērāre (21), **F** espérer, espoir
* vituperāre	zurechtweisen, kritisieren	
appārēre, -eō, appāruī	erscheinen	**E** to appear, **F** apparaître
* immittere, -ō, -mīsī, -missum	(hinein-)schicken	mittere (19), **D** Immisionsschutzgesetz
* plaudere, -ō, plausī, plausum	Beifall klatschen	**D** applaudieren, Ap-plaus, Ex-plosion, **E** applause, to applaud, **F** applaudir
prōcēdere, -ō, -cessī, -cessum	vorwärtsgehen, vortreten	**D** Prozeß, prozessieren, Prozession, Prozedur, **E** to procede, **F** procéder
* prōsternere, -ō, -strāvī, -strātum	niederschlagen	
* recurrere, -ō, -currī, -cursum	zurücklaufen	[currere (33)], **D** Rekurs
conicere, -iō, -iēcī, -iectum	(zusammen)werfen; vermuten	**D** Konjektur, **E** to conjecture

15

L. 34/35

	Latin	German	Other
	cōnspicere, -iō, cōnspēxī, -spectum	erblicken	**E** conspicuous
	dēspicere, -iō, -spēxī, -spectum	herabsehen, verachten	**D** despektierlich; *vgl.* Re-spekt, **E** to despise, despicable
N	dubium	Zweifel	dubitāre (29), **D** dubios, **E** doubt, **F** doute
*	nebula	Nebel	
*	dux, ducēs *m.*	Führer, Anführer	dūcere (14), **E** duke, **F** duc, **D** Dukaten
*	pāx, pācēs *f.*	Friede	**E** peace, **F** paix
	princeps, -cipēs *m.*	Fürst, Prinz	**D** Prinz, Prinzipal, **EF** prince
	ignāvus	feige	

LECTIO TRICESIMA QUINTA

TB

V x	aberrāre	abirren, sich entfernen	errāre (34)
	cūrāre	besorgen, pflegen	cūra (33), **D** kurieren, ak-kurat, **F** curer
	dēsīgnāre	bestimmen	signum (26), **D** designiert, Designer, **E** to design, **F** désigner
	probāre	billigen, gutheißen	**D** Probe, probat, probieren, **E** to prove, **F** prouver
*	agere, -ō, ēgī, āctum	handeln, tun	**D** Akt, Aktion, Agent, aktiv, **E** act, **F** agir
	appetere, -ō, -tīvī, appetītum	zu erreichen suchen, haben wollen	petere (27), **D** Appetit, **E** appetite, **F** appétit
	carpere, -ō, carpsī, carptum	pflücken	**D** „Herbst", Ex-zerpt, **E** „harvest"
	dēcernere, -ō, -crēvī, -crētum	entscheiden, beschließen	cernere (33), **D** Dekret, Dezernat, **F** décerner
x	mātūrēscere, -ō, mātūruī	reif werden	**E** mature, **D** Matura (≈ Abitur)
	tangere, -ō, tetigī, tāctum	berühren	contingere (33), **D** Takt, Tangente, Tango
	aspicere, -iō, aspēxī, aspectum	anblicken, erblicken	[cōnspicere (34)], [dēspicere (34)], **D** Aspekt, **EF** aspect

16

N * flōsculus	Blümlein, kleine Blume	flōrēre (20), **D** Floskel, Flora, **E** flower, **F** fleur
īnferī *(plur. tant.)*	die Unterirdischen, die Unterwelt	**D** Inferno (ital.)
lūdus	Spiel, Schule	lūdere (8)
magister, -strī *m.*	Lehrer	magis (20), **D** Meister, **E** Mister, master, **F** maître
mātrimōnium	Ehe	māter (2), **E** matrimony
officium	Aufgabe, Pflicht	facere (22), **D** offiziell, Offizier, **EF** office
x satum	Saat	
cōpia	Menge	**D** kopieren, Kopie, **E** (to)copy
dea	Göttin	deus (17)
īnsula	Insel	**F** île, **E** isle
rēgīna	Königin	rēx (16), **D** Regine, **F** reine
* rosa	Rose	
* viola	Veilchen; Levkoje	**D** violett
lacus, -ūs *m.*	See	**D** Lache, Maria Laach, Inter-laken, **E** lake, **F** lac
sinus, -ūs *m.*	Bausch der Toga, Busen, Schoß	**D** Sinus-Kurve, co-sinus, **F** sein
flōs, flōrēs *m.*	Blume	flōsculus, flōrēre (20), **D** Flora, **F** fleur, **E** flower
hiems, hiemēs *f.*	Winter	
pars, partēs *f.*	Teil	**D** Partei, Partie, partiell, **EF** part
* papāver, papāvera *n.*	Mohn	
candidus	(glänzend) weiß	**D** Kandidat, **F** candide, **E** candid
x tenebrōsus	schattig, dunkel	**F** ténébreux
praeceps, -cipitēs	kopfüber	caput (9)
Pa continuō	sogleich, sofort	
* domum	nach Hause	domus (3), domī (13), **D** Dom, **E** dome, **F** dôme
* sēnsim	allmählich, nach und nach	sentīre (29)
nōnne	nicht?, doch wohl	nōn + ne (6)
num	etwa?	
x quotiēns	wie oft; so oft	**D** Quotient

L. 35

W	ab officiō discēdere	seine Pflicht vernachlässigen
	in mātrimōnium dūcere	heiraten *(vom Mann aus gesehen)*
	petere aliquid ab aliquō	jmdn. um etwas bitten
	apud īnferōs	in der Unterwelt
	duae partēs (annī)	zwei Drittel (des Jahres)
*	in praeceps	kopfüber

AB

N	autumnus	Herbst	**E** autumn, **F** automne
*	discipulus	Schüler	**D** Disziplin, **EF** disciple
	aestās, -ātēs *f.*	Sommer	**F** été
	vēr *n.*	Frühling	
Pa	totiēns	so oft	quotiēns

ZS

V *	exīre	hinausgehen	īre (6)
	arāre	pflügen	
*	murmurāre	murmeln	
*	pererrāre	durchirren	errāre (34)
	accēdere, -ō, accessī, -cessum	herangehen	discēdere (34), **F** accéder, **E** to accede
*	colligere, -ō, collēgī, -lēctum	auflesen, sammeln	[legere (9)], [ēligere (31)] **D** Kollekte, Kollektion, Kollektiv, **E** to collect, **F** cueillir
	cōnsidere, -ō, -sēdī	sich setzen	vgl. sedēre (3)
*	dēdūcere, -ō, -dūxī, dēductum	hinführen	dūcere (14), **D** Deduktion
	exstinguere, -ō, exstīnxī, -stīnctum	auslöschen, vernichten	**E** to extinguish, **F** éteindre
*	percurrere, -ō, percurrī, -cursum	durchlaufen	currere (6)
	quaerere, -ō, quaesīvī, quaesītum	fragen, suchen	quaestiō (28), **E** to query, **F** quérir
	serere, -ō, sēvī, satum	säen	
*	ēripere, -iō, ēripuī, ēreptum	entreißen	rapere (32)

L. 35/36

N * focus	Herd	F feu
* somnus	Schlaf	vgl. somnium (18), somniāre (3), F sommeil
dōnum	Geschenk	[dōnāre (13)], F don
* līgnum	Holz	
* vestīgium	Spur	E in-vestig-ation, vestige, F vestige
x agrīcultūra	Ackerbau	[agricola (23)] EF agriculture
laetitia	Freude	laetus (15)
* cultus, -ūs m.	Anbau, Pflege	D Kultus-ministerium, Kult, Kultur, E cult
* murmur, murmura n.	Murmeln	murmurāre
sēmen, semina n.	Same, Keim	D Seminar
* aeger, aegra, aegrum	krank	
* hūmānus	menschlich	homō (5), D human, Humanismus, E human, F humain
maestus	betrübt, traurig	
cīvīlis, -lēs	bürgerlich, Bürger-, Privat-	cīvis (34), D Zivilist, Zivilisation, Zivil-…, EF civil
* īnsomnis, -nēs	schlaflos	somnus
mortālis, -lēs	sterblich	mors (14), D Salto mortale (ital.), E mortal, F mortel
Pa quidem	zwar	
W * agrōs colere	das Land bebauen	

LECTIO TRICESIMA SEXTA

[TB]

V x festīnāre	eilen	
* irrītāre	erregen, erbittern	D irritieren, F irriter, E to irritate
* susurrāre	flüstern	
poscere, -ō, poposcī	fordern	
N dominus	Herr	
nūntius	Bote, Botschaft	nūntiāre (24), D Nuntius, Nuntiatur

L. 36

concilium	(beratende) Versammlung	**D** Konzil, **E** council
silentium	Schweigen, Stille	[silēre (V 9)], **EF** silence
* aurōra	Morgenröte	
epistula	Brief	**D** Epistel
hōra	Stunde	**D** Uhr, **E** hour, **F** heure
sapientia	Weisheit	**E** sapience
sella	(Amts-)Stuhl, Sessel	
sententia	Meinung	sentīre (29), **D** Sentenz, **EF** sentence
tenebrae *(plur. tant.)*	Dunkelheit	tenebrōsus (35), **F** ténèbres
trīstitia	Traurigkeit, Trauer	trīstis (14), **D** trist, **F** tristesse, triste
conventus, -ūs *m.*	Zusammenkunft, Versammlung	conventīre (29), **D** Konvent, **E** convent
fluctus, -ūs *m.*	Flut, Strömung	flūmen (14)
strepitus, -ūs *m.*	Lärm, Getöse	
auctor, -ōris *m.*	Urheber, Schriftsteller	augēre (16), **D** Autor, **F** auteur
auris, auris *f.*	Ohr	**F** oreille, **E** „ear"
dux, ducis *m.*	Führer	dūcere (14), **D** Dukaten, **E** duke, **F** duc
* fabricātor, -ōris *m.*	Hersteller	**D** Fabrik, fabrizieren, **F** fabriquer
rēctor, ōris *m.*	Lenker, Leiter	rēx (16), **D** Rektor
vēnātrīx, -īcis *f.*	Jägerin	vēnātiō (26)
fulmen, fulminis *n.*	Blitz	**D** fulminant
mare, maris *n.*	Meer	**D** Marine, **F** mer
* murmur, -ris *n.*	Murmeln	[murmurāre (35)]
x cūriōsus	neugierig	cūra (33), **D** Kuriosität, **E** curious
hūmānus	menschlich	homō (5), **D** human, Humanismus, **F** humain, **E** human
postrēmus	letzter	post (7), posterus (14)
W sententiam aliquem rogāre	jmdn. um seine Meinung fragen	
* pater tuus eius reī auctor est	dein Vater ist daran schuld	

20

AB

N	accūsātor, -ōris *m.*	Ankläger	accūsāre (27)
*	audītor, -ōris *m.*	Zuhörer	audire (1)
	imperātor, -ōris *m.*	Herrscher, Befehlshaber	imperium (15), **E** emperor, **F** empereur
*	imperātrīx, -īcis *f.*	Herrscherin	
	narrātor, -ōris *m.*	Erzähler	narrāre (3), **E** to narrate, **F** narrer
	vēnātor, -ōris *m.*	Jäger	vēnātrīx
	victor, -ōris *m.*	Sieger	vincere (10), victōria (12), **E** victor
*	victrīx, -īcis *f.*	Siegerin	

LECTIO TRICESIMA SEPTIMA

TB

V	licēre, licet, licuit	erlaubt sein	**D** Lizenz, **EF** licence
	studēre, -eō, -uī	sich bemühen um, sich beschäftigen mit	**D** Studium, Student, **E** to study, **F** étudier
	colligere, -ō, -lēgī, collēctum	sammeln	**D** Kollekte, Kollektion, Kollektiv, **E** to collect, **F** cueillir
x	postpōnere, -ō, postposuī, -positum	benachteiligen, *(wörtl.)* dahinterstellen	pōnere (21), **D** positiv, Pose, Post
	scrībere, -ō, scrīpsī, scrīptum	schreiben	**D** Manu-skript, **F** écrire, **E** script
	adicere, -iō, -iēcī, adiectum	hinzufügen	conicere (28), **D** Adjektiv
	ēripere, -iō, -uī, ēreptum	entreißen	rapere (32)
N	medicus	Arzt	**D** Medizin, Medikament, **F** médecin
	grātia	Dank, Ansehen, Beliebtheit	**D** Grazie, graziös, **F** grâce, **E** grace
	cliēns, -ntis *m.*	Schützling	**D** Klient, **EF** client
	salūs, -ūtis *f.*	Gesundheit, Heil	**D** Salut, **F** salut, **E** salute
x	moribundus	todkrank, todgeweiht	mors (14), **E** moribund, **F** moribond
*	sapientissimus	der Klügste	sapientia (36)
Pr *	mihi	mir	
*	tibi	dir	

	* sibi	für sich; ihm/ihr	
Pa	cotīdiē	täglich	diēs (13)
x	impūne	ungestraft	poena (18)
	quamobrem	1. *in der Frage:*	
	(quam ob rem)	aus welchem Grunde, weshalb	
		2. *im relativ. Satzanschluß:* aus diesem Grunde, deshalb	
W	grātiās agere alicuī	jmdm. danken	
	gravī poenā castīgāre aliquem	jmdn. schwer bestrafen	
	salūtem dīcere alicuī	jmdn. grüßen	
*	licet mihi facere aliquid	es ist mir erlaubt, etwas zu tun	
	omnium sapientissimus	der allerklügste	

VORSCHAU AUF DIE LEKTIONEN 38 UND 39 (AB)

V *	plōrāre	schreien, heulen	**F** pleurer
	dēfendere, -ō, -ī, dēfēnsum	verteidigen	**D** Defensive, **E** to defend, **F** défendre
N	accūsātiō, -ōnis *f.*	Anklage	accūsāre (27)
	accūsātor, -ōris *m.*	Ankläger	
	dēfēnsor, -ōris *m.*	Verteidiger	dēfendere, **D** Defensive, **E** to defend, **F** défendre
Pa	contrā *mit dem Akk.*	gegen	
W *	facinus committere	ein Verbrechen begehen	

LECTIO DUODEQUADRAGESIMA

[TB]

V	interesse, -sum, -fuī	teilnehmen (*wörtl.* dazwischen sein)	**D** Interesse, interessant, **E** to interest, **F** s'intéresser
	obesse, -sum, -fuī	schaden, hindern (*wörtl.* jmdm. entgegen sein)	
	prōdesse, prōsum, prōfuī	nützen, förderlich sein	**D** Prosit! Prost!
	ferre, fero, tulī, lātum	tragen	**D** „Bahre", trag-„bar", Legis-lative, **E** to „bear"
*	fert	er trägt	

	auferre, auferō, abstulī ablātum	wegtragen	**D** Ablativ
	īnferre, īnferō, intulī, illātum	antun	**E** to infer
	recitāre	vorlesen	**D** rezitieren, Rezitativ, **E** to recite, **F** réciter
*	trānsportāre	hinüberbringen, übersetzen	**D** transportieren, **E** to transport, **F** transporter
	adigere, -ō, adēgī, adāctum	hintreiben	agere (17)
	colere, -ō, -uī, cultum	bebauen, pflegen, verehren	**D** Kultur, kultivieren, **EF** culture
	plaudere, -ō, plausī, plausum	Beifall klatschen	**D** Applaus, **E** to applaud, **F** applaudir
	trādūcere, -ō, -dūxī, trāductum	hinüberführen	dūcere (14), **F** traduire
N	reus	Angeklagter	„in dubio pro reo"
	dēfēnsiō, -ōnis *f.*	Verteidigung	[dēfendere (38/39)], **D** Defensive, **E** defence, **F** défense
	ōrātiō, -ōnis *f.*	Rede	ōrāre (21), **E** oration, **F** oraison
	facinus, facinoris *n.*	Untat	facere (22)
Pa	quoniam	da ja, weil	
	vērō	aber	vērus (14), rēvērā (14), [vērē (15)]
	tandem	1. endlich 2. *in der Frage:* ...denn eigentlich	
	ūnus et alter	einige wenige (einer und ein zweiter)	
W	mortuum ad īnferōs adigere	einen Toten in die Unterwelt führen	
	iniūriam īnferre alicuī	jmdm. ein Unrecht antun	
	conventuī interesse	an einer Zusammenkunft teilnehmen	

AB

V *	simulāre	so tun als ob	simulātiō (33), **D** simulieren
	spērāre	hoffen	dēspērāre (21), **F** espérer, espoir
N	narrātiō, -ōnis *f.*	Erzählung	narrāre (3)

LECTIO UNDEQUADRAGESIMA

TB

V	cōnsīderāre	betrachten, erwägen	**E** to consider, **F** considérer
	dubitāre	zögern; zweifeln	[dubium (34)], **E** to doubt, **F** douter
	implōrāre	anflehen, erflehen	[plōrāre (38/39)], **E** to implore, **F** implorer
	imminēre, -eō, -uī	drohen, drohend (nahe) bevorstehen	**EF** imminent
N	cultus, -ūs *m.*	Pflege, Verehrung	**D** Kultus, Kult, **E** cult
	exitus, -ūs *m.*	Ausgang, Ergebnis	exīre (16), **D** Exitus, **E** exit
	sēnsus, -ūs *m.*	Empfindung, Sinn, Verstand	sentīre (29), sēnsim (35), **D** sensibel, **E** sense, **F** sens
	mēns, mentis *f.*	Verstand, Sinn, Gedanke	**D** „Minne", **E** „mind"
Pa	quodsī	wenn (aber)	
	-ve	oder	*vgl.* [sīve...sīve (31)]
	maximē	am meisten, besonders	magis (20), **D** Maximum, Maxime
	nisī forte	wenn nicht zufällig, wenn nicht etwa	fort-āsse (2)
	in posterum	für die Zukunft	posterus (14)
	quam ob causam	1. *in der Frage:* aus welchem Grunde, weshalb 2. *im relativ. Satzanschluß:* aus diesem Grunde, deshalb	quam ob rem (37)
W	tua rēs agitur	deine Sache wird verhandelt, es geht um deine Sache	
	ōrātiōnem habēre	eine Rede halten	
	mors mihi imminet	der Tod steht mir nahe bevor	
	auxilium alicuius implōrāre	jmds. Hilfe erflehen, jmdn. dringend um Hilfe bitten	
	mortem īnferre alicuī	jmdn. töten	

longē mihi alia mēns est — ich denke ganz anders
quodsī vērum est — wenn das wahr ist

LECTIO QUADRAGESIMA

TB

V
dēesse, dēsum, -fuī	fehlen	esse (2)
damnāre	verurteilen	**D** ver-dammen, **F** con-damner, **E** to damn
placēre, -et, -uit	gefallen	**F** plaire, **E** to please
torquēre, -eō, torsī, tortum	drehen, schleudern	**D** Tortur
cōnsentīre, -iō, -sēnsī, -sēnsum	übereinstimmen mit, mit jmdm. einer Meinung sein	sentīre (29), sententia (36), cōnsentīre, **D** Konsens, **E** (to) consent, **F** consentir
dissentīre, -iō, -sēnsī, -sēnsum	nicht übereinstimmen, anderer Meinung sein	**E** to dissent
dīmittere, -ō, dīmīsī, -missum	wegschicken, entlassen, lassen	mittere (19), **E** to dismiss
excēdere, -ō, -cessī, -cessum	herausgehen, sich entfernen	[accēdere (35)], **D** Exzeß, **E** to exceed, **F** excéder
fingere, -ō, fīnxī, fictum	formen, bilden	**D** Fiktion, fingieren, Finte, **E** science fiction, to feign, **F** feindre

N x solium — Thron

altus — hoch, tief — alere (21), **D** Alt(Singstimme)

dīgnus *(mit Abl.)* — würdig (einer Person oder Sache) — [indīgnus (33)], **F** digne

praeclārus — ausgezeichnet, sehr berühmt

x rīdiculus — lächerlich — rīdēre (13), **E** ridiculous, **F** ridicule

ingēns, -ntis — ungeheuer
inops, inopis — mittellos, arm
x rēgālis, -is — königlich — rēx (16)

L. 40

	sapiēns, ntis	weise	sapientia (36), „Homo sapiens", **F** sage
	ūtilis, -is	nützlich	**F** utile, **F** inutile
	inūtilis, -is	nutzlos	
Pa	diūtius	länger	diū (15)
	profectō	wahrhaftig, in der Tat	prō (17) + factum (30)
*	saltem	wenigstens, zumindest	
	scīlicet	wie sich versteht, selbstverständlich	scīre + licet
*	mehercle	beim Hercules!	
	quā dē causā	1. *in der Frage:* aus welchem Grunde, weshalb 2. *im relativ. Satzanschluß:* aus diesem Grunde, deshalb	quam ob rem (37), quam ob causam (39)
	sī nōn..., at (certē)...	wenn nicht..., so doch (wenigstens)	
W	agere dē aliquō/ aliquā rē	über jmdn./etwas sprechen, verhandeln	
	āctum est dē aliquō	es ist um jmdn. geschehen, jmd. ist verloren	
*	concilium dīmittere	die Versammlung aufheben	
	sententia (mihi) placet	die Meinung/der Antrag findet (meine) Zustimmung	
*	sententiam manifestam reddere	seine Meinung an den Tag legen	
*	vōcem tollere	die Stimme erheben	

AB

N	dēcrētum	Entscheidung, Beschluß	dēcernere (35), **D** Dekret, dekretieren
*	permāgnus	sehr groß	māgnus (7), vgl. pernōtus (31)
Pa	rārō	selten	**D** rar, **E** rare

ZS

V	mūtāre	verändern, verwandeln	**D** Mutation, **E** to com-mute

	spērāre	hoffen	**F** espérer, espoir
	dēpellere, -ō, dēpulī, -pulsum	vertreiben, verdrängen	
	incidere, -ō, -ī	hineinfallen, in etwas geraten	cadere (15), **E** incident
*	ruere, ruō, ruī	laufen, rennen	irruere (7)
	serpere, -ō, serpsī, serptum	kriechen, schleichen	serpēns (1), **D** Serpentinen, **EF** serpent
N *	ōstium, *(mst. Pl.)* ōstia	Mündung	Ostia *(Hafen Roms)*
*	forma	Form, Gestalt	**E** form, **F** forme
*	pestilentia	Seuche, Pest	**EF** pestilence
	portus, -ūs *m.*	Hafen	**EF** port
	navis, -is *f.*	Schiff	**E** navy, **F** nef
	sēdēs, -is *f.*	Sitz, Wohnsitz	sēdēre (3), sella (36)
Pa	obviam	entgegen	ob (26) + via (7)

LECTIO QUADRAGESIMA PRIMA

TB

V x	fraudāre	betrügen	**E** fraud
	labōrāre *(mit Abl.)*	arbeiten, leiden an	**D** Labor, **E** to labour, **F** labourer
	edere, -ō	essen	
	ostendere, -ō, -ī	zeigen	con-tendere (30), **D** ostentativ **EF** ostentation,
	excipere, -iō, -cēpī, -ceptum	auffangen	capere (25), **E** to except, **F** excepter
	surripere, -iō, -ripuī, -reptum	(heimlich) wegnehmen stehlen	
N x	cāseus	Käse	**E** „cheese"
x	corvus	Rabe	
x	vulpēs, -is *f.*	Fuchs	
	ōs, ōris *n.*	Mund	ōstium (40), **DEF** oral
*	afflīctus	niedergeschlagen, unglücklich	**E** to afflict, **F** affliger
x	lentus	langsam, zäh	**F** lent
	celer, -ris, -re	schnell	**D** Ak-zelereration, **E** to ac-celer-ate
Pa	crās	morgen	hodiē (14), herī (4)
	libenter	gerne	

L. 41/42

	māgnopere	sehr	magis (20), maximē (39)
	male	schlecht	**F** mal
*	avē	*Grußformel:* sei gegrüßt! leb wohl!	Ave Maria
*	eheu	o weh!	
	quam	wie sehr	*vgl.* (8)
W	fame labōrāre	(an) Hunger leiden	
	alicuī aurēs praebēre	jmdm. zuhören	

LECTIO QUADREGESIMA ALTERA

TB

V	advolāre	herbeifliegen, herbeieilen	[volāre (4)]
x	praesidēre, -eō, praesēdī	den Vorsitz haben	sedēre (3), **D** Präsident
	cōnsidere, -ō, -sēdī	sich hinsetzen	vgl. sedēre (3)
	dēfendere, -ō, -ī, dēfēnsum	verteidigen	dēfēnsiō (38), dēfēnsor (38/39), **D** Defensive, **E** to defend, **F** défendre
	tollere, -ō, sustulī, sublātum	aufheben	zum *Perf.-Stamm vgl.* ferre (38)
	extollere, -ō, extulī	hochheben	
*	findere, -ō, fidī, fissum	spalten	**F** fendre
	permittere, -ō, -mīsī, -missum	erlauben	mittere (19), **E** to permit, **F** permettre
N	adversārius	Gegner	
	rāmus	Zweig	**F** rameau
	fūrtum	Diebstahl	für (5)
	causa	1. Grund, Ursache 2. Rechtsstreit, Prozeß, Rechtssache	*vgl.* (31), quā dē causā (40), **EF** cause, **F** chose
x	quercus, -ūs *f.*	Eiche	
	avis, -is *f.*	Vogel	**F** par avion
	iūdex, iūdicis *m.*	Richter	[iūdicāre (26)], iūstitia (30), **E** judge, **F** juge
	leō, leōnis *m.*	Löwe	**EF** lion
	orbis, -is, *m.*	Kreis	„Urbi et Orbi", **E** orbit

	pēs, pedis *m.*	Fuß	**D** Pediküre, Pedal, **F** pied
	bipēs, -pedis *m./f.*	Zweifüßler	
	quadrupēs, -pedis *m./f.*	Vierfüßler	*vgl.* quadr-īga (11)
	animal, -is *n.*	Tier, Lebewesen	**D** animalisch, **EF** animal
	niger, -gra, -grum	schwarz	**D** Neger, **F** noir, nègre, **E** negro
Pa	vehementer	heftig	vehemēns (21), **D** vehement, **E** vehement, **F** véhément
x	in mediō	in der Mitte	[media nocte (19)]
W	causam dīcere	eine Sache (vor Gericht) vertreten, für eine Sache eintreten	
	placet mihi facere aliquid	ich beschließe *(wörtl.* mir gefällt es), etwas zu tun	

LECTIO QUADREGESIMA TERTIA

TB

V	dissimulāre	verheimlichen	[simulāre (38)], simulātiō, **E** to dissimulate, **F** dissimuler
*	ēlevāre	emporheben; verkleinern	**E** elevator
	explicāre	erklären	**D** explizieren, **F** expliquer, **E** to explicate
	pendēre, -eō, pependī	hängen	**D** Pendel, Pendant, Perpendikel, **F** pendre
	salīre, -iō, -uī	springen	**D** Salto (ital.), **F** saillir
x	adscrībere, -ō, -scrīpsī, -scrīptum	zuschreiben	scrībere (37), **D** Skriptum, **F** écrire
	legere, -ō, lēgī, lēctum	lesen	colligere (37, **D** Lektion, Lektüre, **F** lire, leçon, **E** lesson
x	prehendere, -ō, -ī, prehēnsum	ergreifen	**F** prendre
	sūmere, -ō, sūmpsī, sūmptum	nehmen	
	vertere, -ō, -ī, versum	wenden	**D** Vers

L. 43

	āvertere, -ō, -ī, āversum	abwenden	**D** Aversion, **E** to avert, **F** avertir
	sē āvertere	sich abwenden, weggehen	
N	cibus	Speise, Nahrung	
	liber, -brī	Buch	**D** Libretto (ital.), **E** library, **F** livre littera (19)
*	lūdus litterārius	Elementarschule	
*	titulus	Titel	**E** title, **F** titre
	exemplum	Beispiel, Lehre	**D** exemplarisch, „Exempel", **E** example, **F** exemple
x	ūva	Traube	
x	īnfirmitās, -ātis *f.*	Schwäche	firmus (23), **F** infirme
	sermō, -ōnis *m.*	Gespräch; Sprache	**D** Sermon
	acerbus	herb, sauer	
	clārus	hell, berühmt	**D** klar, Klara, Klarinette, ver-klärt, **E** clear, **F** clair
x	graecus	griechisch	
x	latīnus	lateinisch	
	līber, -era, -erum	frei	līberāre (20), [lībertās (33)]
	mātūrus	reif	**E** mature, **F** mûr
	summus	der höchste	**E** summit
Pa x	perinde ac	ebenso wie	
*	quaesō	bitte	
W	verbīs ēlevāre	für wertlos, unwichtig erklären (*wörtl.* mit Worten verkleinern)	
	ē graecō in latīnum (sermōnem) vertere	aus dem Griechischen ins Lateinische übersetzen	
	summīs vīribus	mit aller Kraft, mit äußerster Kraft	

ZS

V	ēvertere, -ō, -ī, ēversum	umstürzen	vertere
	exprimere, -ō, -pressī, -pressum	(her)ausdrücken	**E** expression, **F** exprimer
N *	lapillus	kleiner Stein	
*	gutta	Tropfen	
*	sitis, -is *f.*	Durst	**F** soif

30

| Pa | paulātim | allmählich | |
| | nē...quidem | nicht einmal | |

LECTIO QUADRAGESIMA QUARTA

[TB]

V	peccāre	Fehler machen, sträflich handeln	**F** pécher
	vituperāre	tadeln	*vgl.* laudāre (24)
	continēre, -eō, -uī	enthalten, zusammenhalten	**D** kontinuierlich; Kontinent, **E** to contain, **F** contenir
	pertinēre, -et, -uit	sich erstrecken, sich beziehen	tenēre (10), **E** to pertain
x	replēre, -eō, -plēvī, replētum	anfüllen	plēnus (15)
	attendere, -ō, -ī, attentum	anspannen (aufpassen)	**E** to attend, attention, **F** attendre, attention
	dēlinquere, -ō, dēlīquī, dēlictum	sich vergehen	**D** Delikt, Delinquent
	impōnere, -ō, -posuī, impositum	darauflegen	pōnere (21) **D** imponieren, imposant, **E** to impose, **F** imposer
	nāscī *(nur Pass.),* nāscor	geboren werden	**D** Re-naissance, **F** naître
	regere, -ō, rēxi, rēctum	lenken, leiten	rēx (16) **D** regieren, Regie, Regent, Rektor, Regime
	sternere, -ō, strāvī, strātum	streuen, ausbreiten	**D** „Straße", **E** „street"
N *	paedagōgus	(servus, qui post ludum domini filios domum ducebat)	**D** Pädagoge
*	saccus	Sack	**F** sac
	malum	Übel	*aber:* [malum (9)]
	vitium	Fehler, Laster	**EF** vice
	cēnsūra	Amt des Zensors, Zensur	**D** Zensur
*	columba	Taube	**F** colombe
*	festūca	Grashalm	
*	mantica	Quer-, Mantelsack	

L. 44

* pēra	Ranzen, Quersack	
venia	Gnade, Verzeihung	
cēnsus, -ūs *m.*	Zensus, Vermögens-einschätzung	cēnsūra, **D** Zins
versus, -ūs *m.*	Vers	vertere (43) **D** Vers, Version, **E** verse, **F** vers
locūtiō, -ōnis *f.*	Ausspruch, Spruch	
mentiō, -ōnis *f.*	Erwähnung	**E** mention
mōs, mōris *m.*	Sitte	**D** Moral, **F** mœurs, **E** moral
x stupiditās, -ātis *f.*	Dummheit	vgl. stultitia (33)
* trabs, trabis *f.*	Baumstamm	
pectus, pectoris *n.*	Brust	**D** in petto *(ital.)* haben (= *bereit halten*)
aliēnus	fremd	alius (15), **E** alien
proprius	eigen	**E** proper, property, **F** propre, propriété
Pa simul(ac)	sobald	simul *Adv.* (30)
sīve	oder, sei es daß	[sīve ... sīve (31)]
amplius	weiter, mehr	
x eōdem	in dieselbe Richtung	eō (27); idem (5)
igitur	deshalb, also	ergō (19)
meritō	verdientermaßen, zu Recht	**D** Meriten, **E** merit, **F** mérite
x 'rēctē	richtig	**D** kor-rekt, **E** „right"
* edepol	beim Pollux! *(ein Kraftausdruck)*	
* euge	gut so! bravo!	
ā tergō	(von) hinten	
W cēnsum agere	das Vermögen der Bürger schätzen *(eigentl.:* die Vermögensschätzung durchführen)	
animum attendere	aufpassen	
veniam dare	verzeihen	
mentiōnem facere alicuius reī *oder:* dē aliquā rē	erwähnen	
in oculīs habēre	genau sehen	
* eōdem pertinet	das gehört hierher, das paßt dazu	
ad rem (nōn/nihil) pertinent	das gehört (nicht) zur Sache	
quō spectat id?	worauf läuft das hinaus?	

L. 44

V	viam sternere	eine Straße bauen	
	fundere, -ō, fūdī, fūsum	(ausgießen), aus dem Felde schlagen, verjagen	D Fusion, F fondre
N	tribūnus (militum)	(Militär-)Tribun	
	monumentum	Denkmal	D Monument, EF monument
	oppidum	Stadt	
	aedēs, aedis *f.*	Tempel	aedificium (11), aedificāre (32)
	* aedīlis curūlis	kurulischer Ädil	
	* dictātor, -ōris *m.*	Diktator	
	* interrēx, rēgis *m.*	„Zwischenkönig" *(außerordentliches Amt als Ersatz für fehlende Konsuln)*	
	pāx, pācis *f.*	Friede	E peace, F paix
	* praetor, -ōris *m.*	Praetor	
	bis	zweimal	bi-pes (42)
	ter	dreimal	tres (15)
W	exercitum fundere	ein Heer in die Flucht schlagen	

AB

* vetāre	verbieten	D Veto
* interrēgnum	Amtszeit des Interrex	
* collēga	Kollege	E colleague, F collègue
* nota cēnsōria	Eintragung des Zensors (in die Bürgerliste)	D Note, Notiz, EF note
* sella curūlis	Amtsstuhl der höheren Beamten	
* toga praetexta	Toga mit Purpurstreifen (Tracht der kurulischen Beamten)	
cursus honōrum	Ämterlaufbahn	
magistrātus, -ūs *m.*	Amt, Beamter	magister (35), D Magistrat
honor, -ōris *m.*	Ehre, Amt	[honestus (11)], D Honoratioren, Honorar, E honour, F honneur
plēbs, plēbis *f.*	(niederes) Volk	

LECTIO QUADRAGESIMA QUINTA

TB

V	praestat *(mit Inf.)*, Perf. praestitit	es ist besser	stāre (11)
	spērāre	hoffen	dēspērāre (21)
	caedere, -ō, cecīdī, caesum	schlachten	caedēs (30)
	effugere, -iō, effūgī	entfliehen	fugere (12), fuga (26)
	incipere, -iō, coepī(!), inceptum	anfangen	capere (25)
N x	discipulus	Schüler	**EF** disciple
	famulus	Diener	
x	prātum	Wiese	**D** Prater *(in Wien)*
x	fēriae *(plur. tant.)*	Ferien	**F** jour férié
x	ānser, -eris *m.*	Gans	
*	grūs, gruis *m.*	Kranich	
	iter, itineris *n.*	Weg, Reise	**D** Itinerarium, **E** itinerary, **F** itinéraire
x	crassus	dick, dicht	**D** „krass", **F** gras, **E** grease
	alacer, -cris, -cre	lustig, munter	**D** Allegro *(ital.)*
	facilis, -is, -e	leicht (zu tun)	difficilis (10), **EF** facile
	levis, -is, -e	leicht (an Gewicht)	ē-lev-āre (43), **F** léger
	pedester, -tris, -tre	zu Fuß, Fuß-	pēs (42), **E** pedestrian
Pa	facile	leicht	**EF** facile
	facilius	leichter	
	sānē	allerdings, in der Tat	
W	praestat vērum dīcere	es ist besser, die Wahrheit zu sagen	

LECTIO QUADRAGESIMA SEXTA

TB

V	perīre, -eō, -iī	zugrunde gehen	īre (6), **E** to perish, **F** périr
	optāre	wünschen	**D** Optativ, Option, **F** opter
x	resalūtāre	wiedergrüßen	salūtāre (2)
	vetāre, -ō, -uī, vetitum	verbieten	**D** Veto
	oportēre, -tet, -tuit	sich gehören	

L. 46

*	salvēre, -eō	gesund sein	salūs (37)
*	salvē	*(Grußwort:)* Guten Tag!	**D** Salve
	suādēre, -eō, suāsī, suāsum	etwas raten	
	committere, -ō, -mīsī, -missum	anvertrauen; veranstalten	mittere (19), **D** Kommission, Komitee, Kommissar, Kommiß, **E** to commit, **F** commettre

N	somnus	Schlaf	somnium (18), **F** sommeil
x	dictum	Ausspruch	dīcere (8), **D** Diktion, „dichten"
*	incīsum	Einschnitt	caedere (35)
	vōtum	(guter) Wunsch	
	cursus, -ūs *m.*	Lauf, Reise	currere (6), **D** Kurs, **EF** course
	reditus, -ūs *m.*	Rückkehr	redīre (12)
	amor, amōris *m.*	Liebe	amāre (3), **F** amour
x	salūtātiō, -ōnis *f.*	Begrüßung	salūtāre (2), **D** Salut, **E** to salute, **F** saluer
*	resalūtātiō, -ōnis *f.*	Gegengruß	resalūtāre
	valētūdō, -dinis *f.*	Gesundheit, Stärke	valēre (2)
	cārus	lieb, teuer	**F** cher
	faustus	glücklich	**D** Dr. Faust
	optimus	der beste	bonus (16), **D** optimal, Optimismus
x	ōrnātus	geschmückt, schön	[ōrnāre (20)], **D** Ornat
	placidus	sanft, ruhig	**E** placid
*	pompeiānus	aus Pompeji	
	proximus	der nächste	prope (22), **D** ap-proximativ
	salvus	heil, gerettet	salvēre
	urbānus	städtisch, fein, höflich	urbs (3), **D** Urbanisierung, **DE** Urban, **F** urbain

incolumis, -is, -e	unversehrt	
Pa ac, atque	und	
ut	daß	
x vicissim	abwechselnd, gegenseitig	
bis tantō	zweimal so viel	
quisquis	wer auch immer; jeder, der	
ut(inam) *mit Konj.*	wenn doch…! *(Wunschpartikel)*	

L. 46/47

W *	somnō sē committere	schlafen(gehen)
	fac valeās	mach's gut!
	quārē fit, ut...?	wie kommt es, daß...?
	sit tibi fausta nox	gute Nacht!
	ut dī bene vertant	hoffentlich geht das gut aus!

LECTIO QUADRAGESIMA SEPTIMA

TB

V	x	fundāre	Grund legen, bauen	**D** Fundament, fundieren
		reddere, -ō, reddidī redditum	wieder-, zurückgeben	**D** Rendite, rentabel, Rente, **F** rendre, **E** to render
N	*	philosophus	Philosoph	
		cantus, -ūs *m.*	Gesang	cantāre (15), **D** Kantate, **F** chant
		fidēs, -eī *f.*	Treue, Vertrauen, Zuverlässigkeit	cōnfīdere (24), **F** foi, fidélité
		angustus	eng	
		certus	sicher	certē (17), certō (22), **EF** certain
		incertus	unsicher, ungewiß	**EF** incertain
		lātus	weit, breit	**EF** latitude
		rārus	selten	[rārō (40)], **D** rar, Rarität, **E** rare
		celeber, -bris, -bre	berühmt	celebrāre (31), **F** célèbre
		māior, *Gen.* -ōris	größer	māgnus (7), [maximus (28)], **D** Majorität, Haus-meier, **E** mayor, **F** maire
		vulgāris, -is, -e	gewöhnlich	**D** vulgär
Pa	x	nescīoquis	ich weiß nicht wer, irgendeiner	
		quot *RP*	wieviele, (so viele) wie	
		ūsque	in einem fort	
		ūsque ad	bis (zu)	**F** jusque

AB

N	maximus	der größte	māgnus (7), māior, **D** maximal, Maxime
	dulcis, -is, -e	süß	**F** doux

LECTIO DUODEQUINQUAGESIMA

TB

V	x	rēfert	es kommt darauf an, es ist wichtig	
		monstrāre	zeigen	**D** Monstranz, Monster, Muster, **F** montrer
		restāre	bleiben	**D** Rest, Ar-rest, **E** rest, **F** rester
	x	vīsitāre	besuchen	**D** Visite, **E** to visit, **F** visiter
		canere, -ō, cecinī	singen	cantus (47), cantāre (15), **D** Akzent, „Hahn", **F** chanter
	x	vādere, -ō	gehen	**F** aller: jevais usw.
N		morbus	Krankheit	**D** morbid
		cōnsilium	Rat (Beratung)	**E** counsel, **F** conseil
	x	dīmidium	Hälfte	**F** demi
	x	nūgae *(plur. tant.)*	dummes Zeug, Späßchen	
		persōna	Maske	**D** Person, **E** person, **F** personne
	x	febris, febris *f.*	Fieber	**E** fever, **F** fièvre
		aeger, -gra, -grum	krank	[aegritūdō (9)], [aegrōtāre (2)]
		caecus	blind	**D** Cäcilie
	*	luscus	einäugig	
	*	surdus	taub	**F** sourd
		melior, -ius; *Gen.* -ōris	besser	bonus (16), optimus (46), **F** meilleur
Pa	*	quam	wie?	vgl. *Vergleich* (8), *Ausruf* (41)
W		... quis, ... quid	irgendeiner, irgendwas	aliquis (5), quisquis (46)
		fuge quaerere = nōlī quaerere	frag nicht!	fugere (12)
		morbō labōrāre	krank sein	[aegrōtāre (2)]
		quō morbō aeger est?	welche Krankheit hat er?	
		quid novī?	was gibt's Neues?	

L. 48/49

AB

V	īnspicere, -iō, -spēxī, -spectum	hineinsehen, betrachten	aspicere (35), **D** Inspektor, inspizieren

ZS

V	dēsīderāre	wünschen	cōnsīderāre (39), **D** Desiderat, **E** to desire, **F** désirer
	movēre, -eō, mōvī, mōtum	bewegen	**D** E-motion, **E** to move, **F** mouvement
N *	litterae *(Plur. tant.)*	Brief	[littera (19)], epistula (36), **D** Lettern, Literatur, **E** letter, **F** lettre
*	rāpīnae *(Plur.)*	Raub, Rauben	rapere (32), **F** rapine
Pa *	-ne... an... an	ob... oder... oder	-ne (6)
W *	Rōmā abesse	fern von Rom sein	
*	Rōmae manēre	in Rom bleiben	
*	alicuī in mentem venīre	jmdm. in den Sinn kommen, einfallen	

LECTIO UNDEQUINQUAGESIMA

V	obīre, -eō, -iī, obitum	entgegengehen; sterben (*erg.*mortem)	
	ēducāre	erziehen	ēducātiō (30), ēdūcere (10)
	mandāre	anvertrauen	**D** Kom-mandant, Mandant, **F** demander
x	migrāre	auswandern, übersiedeln	**D** E-migrant, **E** to migrate, migration, **F** migration
	providēre, -eō, -vīdī, -vīsum	vorhersehen	vidēre (1), **D** Provision, provisorisch, **E** to provide, **F** pourvoir
	fluere, fluō, flūxī, flūctum	fließen	flūmen (14), flūctus (36), **E** fluent, flux
	perdere, -ō, perdidī, perditum	verlieren	**F** perdre („perdu!")

	pergere, -ō, perrēxi, perrēctum	fortfahren, weitermachen	per (11) + regere (44)
	ruere, ruō, ruī, rūtum	stürzen, eilen	irruere (7), **F** ruer
	vēndere, -ō, vēndidī	verkaufen	**F** vendre
x	aufugere, -iō, -fūgī	davonfliehen, entfliehen	ab (28) + fugere (12)
	īnspicere, -iō, -spēxī, -spectum	hineinsehen, betrachten	aspicere (35), **D** Inspektion, inspizieren
N x	asinus	Esel	**E** ass, **F** âne
	vīcīnus	Nachbar	**F** voisin
*	vīllicus	Gutsverwalter	vīlla
	negōtium	Geschäft, Aufgabe	[ōtiōsus (23)], **E** to negotiate, **F** négoce
x	aurīga *m.*	Wagenlenker	
	familia	Familie (einschließlich der Sklaven)	**E** family, **F** famille
	memoria	Gedächtnis, Erinnerung	**D** in memoriam, **E** memory, **F** mémoire
	grex, gregis *m.*	Herde	**D** Ag-gregat, Kon-gregation
	māiōrēs *(Plur. tant.)*	Vorfahren	māior (47)
	venter, ventris *m.*	Bauch	**F** ventre
x	mel, mellis *n.*	Honig	**F** miel
x	indīgnātus	empört, entrüstet	[indīgnus (33)], **D** indigniert, **F** s'indigner
	longinquus	weit entfernt, lang	longus (10)
	maximus	der größte	māgnus (7), māior (47)
	molestus	beschwerlich, lästig	**E** to molest, **F** molester
	rapidus	reißend	rapere (32), **DE** rapid, **F** rapide
	validus	gesund, stark	valere (2), **D** In-valide, **E** valid, **F** valide
	vīcīnus	benachbart	*auch Substant. (s. o.)* **F** voisin
	fidēlis, -is, -e	treu	fidēs (47), **F** fidèle
Pa	aequē	in gleicher Weise, ebenso	
	quidem	zwar	
	utrum ... an	(ob) ... oder *(Fragepartikel)*	
W *	grātiās maximās alicuī agere	sich vielmals bei jmdm. bedanken	
	ex animō dīmittere	sich etwas aus dem Sinn schlagen	

L. 49/50

prō amīcō nōbīs erat	er galt uns so viel wie ein Freund, er war uns ein Freund
aliquid quaerere ab aliquō	jmdn. etwas fragen
memoriā tenēre	im Gedächtnis behalten, sich erinnern
quālis rēx, tālis grex	„wie der Herr, so's Gscherr"

LECTIO QUINQUAGESIMA

TB

V *	cavāre	aushöhlen	**D** Kaverne, **E** cave
	imitārī *(nur Pass.)*	nachahmen	**D** imitieren, **E** to imitate, **F** imiter
x	īnflāre	aufblasen, aufblähen	**D** Inflation
	negāre	verneinen	**D** negativ, Negation, **F** nier
*	ārēscere	trocknen, trocken werden	*vgl.* mātūrēscere (35), **F** aride
	intendere, -ō, -ī, intentum	anspannen	contendere (30), **D** Intention, Intendant, **E** to intend
	rumpere, -ō, rūpī, ruptum	brechen, zerreißen	**D** Rotte, ab-rupt, **F** rompre
x	senēscere, -ō, senuī	alt werden	senēx (30), **D** senil, Sequenz
	sequī *(nur Pass.)*, sequor	folgen	**F** suivre, suite
	tangere, -ō, tetigī, tāctum	berühren	contingere (33), **D** Takt, Tangente, Tango
	cōnspicere, -iō, -spēxī, -spectum	erblicken	īnspicere (49), **E** conspicuous
N *	nātus	Kind; Sohn	nāscī (44)
x	pallium	Mantel	
	saxum	Fels	
	invidia	Neid	[invidiōsus (15)], **E** envy, **F** envie
	lingua	Zunge; Sprache	**D** Linguistik, **E** language, **F** langue
	pecūnia	Vermögen, Geld	**D** pekuniär
x	rāna	Frosch	

40